I0821729

¿Cómo se hacen los fuegos artificiales?

Grace Hansen

Abdo Kids Jumbo es una subdivisión de Abdo Kids
abdobooks.com

abdobooks.com

Published by Abdo Kids, a division of ABDO, P.O. Box 398166, Minneapolis, Minnesota 55439.

Abdo Kids Jumbo™ is a trademark and logo of Abdo Kids.

052019

092019

Spanish Translator: Maria Puchol

Photo Credits: Alamy, Getty Images, iStock, Science Source, Shutterstock

Production Contributors: Teddy Borth, Jennie Forsberg, Grace Hansen

Design Contributors: Dorothy Toth, Laura Mitchell

Library of Congress Control Number: 2018968156

Publisher's Cataloging-in-Publication Data

Names: Hansen, Grace, author.

Title: ¿Cómo se hacen los fuegos artificiales?/ by Grace Hansen.

Other title: How is a firework made?. Spanish

Description: Minneapolis, Minnesota : Abdo Kids, 2020. | Series: ¿Cómo se hace?

Identifiers: ISBN 9781532187452 (lib.bdg.) | ISBN 9781532188435 (ebook)

Subjects: LCSH: Fireworks--Juvenile literature. | Manufacturing processes--Juvenile literature. | Fireworks industry--Juvenile literature. | Discoveries in science--Juvenile literature. | Spanish language materials--Juvenile literature.

Classification: DDC 662.1--dc23

Contenido

Hechos a mano

Los fuegos artificiales se hacen a mano. Es demasiado peligroso hacerlos con máquinas. ¡Incluso la chispa más pequeña puede causar los problemas más grandes!

Partes de los fuegos artificiales

Los fuegos artificiales tienen un cartucho exterior hecho de papel. Este cartucho contiene **estrellas**, una **carga explosiva principal** y una **carga de propulsión**. Éstas son las tres partes principales de los fuegos artificiales.

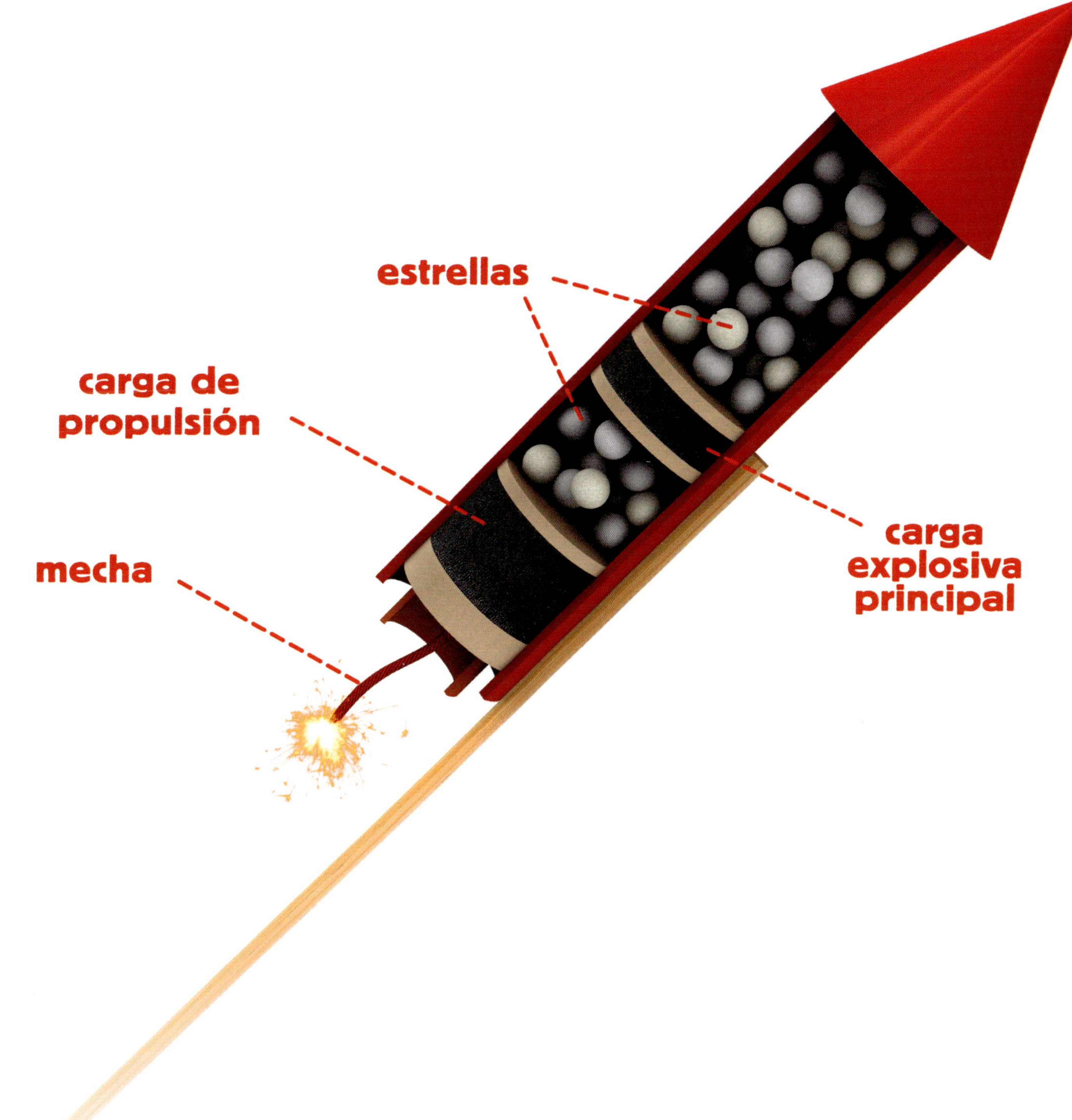
estrellas
carga de
propulsión
mecha
carga
explosiva
principal

Las **estrellas** arden para crear lo que se ve en el cielo. Las estrellas están hechas de una mezcla **inflamable**. Esta mezcla se combina con otros productos químicos para crear diferentes colores.

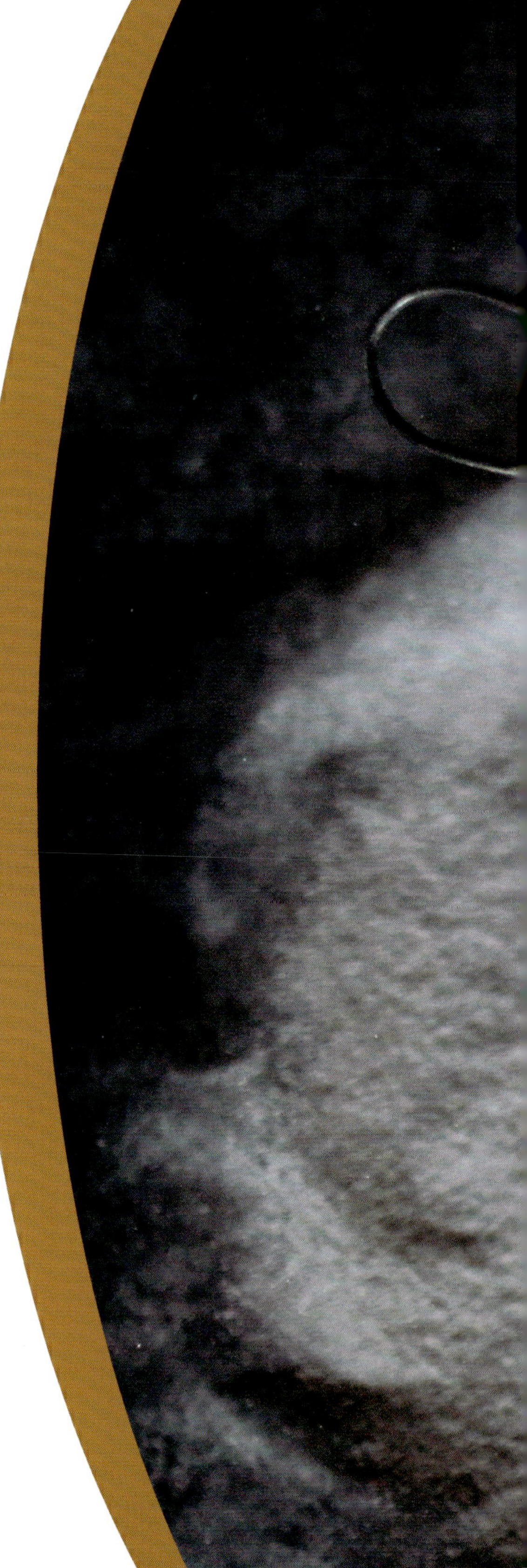

Los trabajadores añaden agua a la mezcla. La **amasan** para obtener una pasta. Luego con un mazo de madera la compactan.

Los trabajadores dividen la masa en partes pequeñas. Así se hacen las **estrellas**. Las estrellas se dejan secar al aire libre.

Luego los trabajadores hacen el cartucho. En el fondo del cartucho se pone una **carga de propulsión**. En el centro se pone la **carga explosiva principal**. Las **estrellas** se ponen alrededor de esta carga explosiva.

Luego se añaden las **mechas**. Generalmente hay tres mechas en los fuegos artificiales. La mecha principal prende la mecha secundaria. La mecha larga secundaria va por fuera del cartucho para prender la **carga de propulsión**.

ТСЗ

¡La “estrella” del evento!

Primero explota la **carga de propulsión**, prendiendo la **mecha** de acción retardada. La mecha de acción retardada prende la **carga explosiva principal**. Cuando ésta explota, rompe el cartucho, ¡enviando las **estrellas** por los aires!

Las **estrellas** se pueden colocar de diferentes maneras. Asi es como se forman los diferentes diseños en el cielo.

Más datos

- Los primeros fuegos artificiales conocidos son del siglo VII en China. Hoy en día, el 90% de los fuegos artificiales se hacen en China.

- Ciertos **elementos** (químicos) crean colores diferentes. Cuando un elemento se quema, suelta energía en forma de luz.

- Al arder, el cobre produce el color azul. El litio hace el rojo. El calcio produce un color anaranjado. El sodio crea el amarillo. El bario hace el verde.

Glosario

amasar – hacer masa con las manos.

carga de propulsión – sustancia colocada bajo el cartucho, al encenderla lanza el fuego artificial al cielo.

carga explosiva principal – mezcla que se enciende cuando el cartucho alcanza cierta altura para crear una explosión y lanzar las estrellas.

elemento – parte de algo, que forma un todo.

estrellas – bolitas compuestas de polvos metálicos, sales, u otros materiales, que al encenderse producen un determinado color o efecto.

inflamable – que se quema con facilidad.

mecha – dispositivo usado para activar una explosión.

Índice

¡Visita nuestra página **abdokids.com** y usa este código para tener acceso a juegos, manualidades, videos y mucho más!